English G 21

D2

Vokabeltaschenbuch

Cornelsen

Das **vocabulary** (Vokabelverzeichnis) enthält alle Wörter und Wendungen, die du lernen musst.
Sie stehen in der Reihenfolge, in der sie in den Units vorkommen.

So ist das Vocabulary aufgebaut:

- Hier siehst du, wo die Wörter vorkommen.
  p. 31/A 11 = Seite 31, Abschnitt 11
  p. 35/P 11 = Seite 35, Übung 11
- Die Lautschrift zeigt dir, wie ein Wort ausgesprochen und betont wird. (→ Englische Laute: S. 4)
- Eingerückte Wörter lernst du am besten zusammen mit dem vorausgehenden Wort, weil die beiden zusammengehören.
- Diese Kästen solltest du dir besonders gut ansehen.

p. 31/A 11	(to) **agree (with** sb.**)** [əˈgriː]	(jm.) zustimmen; (mit jm.) übereinstimmen	Ananc **agre**
p. 35/P 11	**point** [pɔɪnt]	Punkt	Three
	fast [fɑːst]	schnell	**slow**
	slow [sləʊ]	langsam	

(to) go ...

Last week we were in London. We **went by car**. ... Wir **sind mit**
Let's **go for a walk** in the mountains. Lass uns **ei**
Can we **go on a trip** to Cornwall next week? Kö

Tipps zum Wörterlernen findest du auf den Seiten 60–63

Abkürzungen

n = *noun*
adj = *adjective*
prep = *preposition*
pl = *plural*
p. = page
sb. = somebody
jn. = jemanden

v = *verb*
adv = *adverb*
conj = *conjunction*
no pl = *no plural*
pp. = pages
sth. = something
jm. = jemandem

Symbole

◄► ist das „Gegenteil"-Zeichen: **slow** ◄► **fast** (**slow** ist das Gegenteil von **fast**)

! Hier stehen Hinweise auf Besonderheiten, bei denen man leicht Fehler machen kann.

English sounds (Englische Laute)

Die Lautschrift in den eckigen Klammern zeigt dir, wie ein Wort ausgesprochen und betont wird. In der folgenden Übersicht findest du alle Lautzeichen.

Vokale (Selbstlaute)

[iː]	gr**ee**n	[ɔː]	m**or**ning	[aɪ]	t**i**me
[i]	happ**y**	[uː]	bl**ue**	[ɔɪ]	b**oy**
[ɪ]	**i**n	[ʊ]	b**oo**k	[əʊ]	**o**ld
[e]	y**e**s	[ʌ]	m**u**m	[aʊ]	n**ow**
[æ]	bl**a**ck	[ɜː]	T-sh**ir**t	[ɪə]	h**ere**
[ɑː]	p**a**rk	[ə]	**a** partn**er**	[eə]	wh**ere**
[ɒ]	s**o**ng	[eɪ]	sk**a**te	[ʊə]	t**our**

Konsonanten (Mitlaute)

[b]	**b**ox	[ŋ]	si**ng**	[z]	plea**s**e
[p]	**p**lay	[l]	he**ll**o	[ʃ]	**sh**op
[d]	**d**a**d**	[r]	**r**ed	[ʒ]	televi**s**ion
[t]	**t**en	[w]	**w**e	[tʃ]	tea**ch**er
[g]	**g**ood	[j]	**y**ou	[dʒ]	**G**ermany
[k]	**c**at	[f]	**f**ull	[θ]	**th**anks
[m]	**m**u**m**	[v]	**v**ery	[ð]	**th**is
[n]	**n**o	[s]	**s**i**s**ter	[h]	**h**e

Tipp

Am besten kannst du dir die Aussprache der einzelnen Lautzeichen einprägen, wenn du dir zu jedem Zeichen ein einfaches Wort merkst – das [iː] ist der **green**-Laut, das [eɪ] ist der **skate**-Laut usw.

Betonung

['] und [ˌ] sind **Betonungszeichen**.
Sie stehen immer vor der betonten Silbe.

['] zeigt die Hauptbetonung,
[ˌ] zeigt die Nebenbetonung.

Beispiel: **mobile phone** [ˌməʊbaɪl 'fəʊn]
Hauptbetonung auf **phone**,
Nebenbetonung auf der ersten Silbe: **mobile**

Der „Bindebogen“

Der **Bindebogen** [‿] zeigt an, dass zwei Wörter beim Sprechen aneinandergebunden und wie ein Wort gesprochen werden.

Beispiele: **What colour is ...?** [ˌwɒt 'kʌlər‿ɪz]
Mum and Dad [ˌmʌm‿ən 'dæd]
This is ... ['ðɪs‿ɪz]

Remember?

p. 6

The weather[1]

the sun

It's hot and sunny.
heiß und sonnig

a cloud

It's cloudy.
bewölkt

rain

It's rainy.
regnerisch

wind

It's windy.
windig

a storm[2]

It's stormy.
stürmisch

snow

snow on a mountain
Schnee auf einem Berg

It's raining.

It's very cold.

It's warm.

It's too hot.

[1]weather ['weðə] *Wetter* • [2]storm *Sturm; Gewitter*

(to) **travel** ['trævl] **(-ll-)**[1]	reisen	Last year we **travelled** to Turkey in the holidays.
caravan ['kærəvæn]	Wohnwagen	
by the sea [baɪ]	am Meer	a **caravan by the sea**

! **by** = **1.** an essay **by** J. Hanson („von“)
2. a party **by** the pool („an“; „(nahe) bei“)

Irregular simple past forms

(to) drink	**drank** [dræŋk]	trinken	(to) read [ri:d]	**read** [red]	lesen
(to) eat	**ate** [et, eɪt]	essen	(to) ride	**rode** [rəʊd]	reiten; *(Rad)* fahren
(to) meet	**met** [met]	(sich) treffen	(to) swim	**swam** [swæm]	schwimmen
(to) put	**put** [pʊt]	legen, stellen, *(wohin)* tun	(to) throw	**threw** [θru:]	werfen

on the beach [bi:tʃ]	am Strand	
(to) **stay** [steɪ]	bleiben; wohnen, übernachten	It rained all day so I **stayed** at home. In the holidays we **stayed** at a B&B.
anyway ['eniweɪ]	trotzdem	It was cold, but we went swimming **anyway**.
theatre ['θɪətə]	Theater	**!** Betonung auf der 1. Silbe: **theatre** ['θɪətə]
cool [ku:l]	kühl	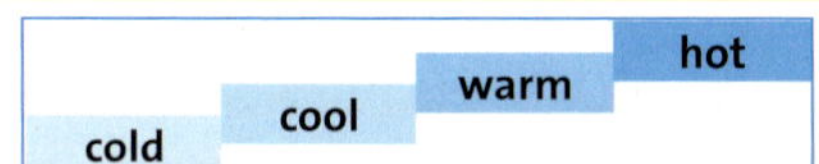

(to) **go for a walk** [wɔːk]	spazieren gehen, einen Spaziergang machen	
country ['kʌntri]	Land *(auch als Gegensatz zur Stadt)*	**!** The Millers live **in the country**. (= auf dem Land)
(to) **fly** [flaɪ], *simple past:* **flew** [fluː]	fliegen	
view [vjuː]	Aussicht, Blick	
plane [pleɪn]	Flugzeug	**!** **im** Flugzeug **=** **on** the plane
round [raʊnd]	um ... (herum); in ... umher	**round** the car  Walk **round** the classroom and talk to different partners.
(to) **shine** [ʃaɪn], *simple past:* **shone** [ʃɒn]	scheinen *(Sonne)*	
island ['aɪlənd]	Insel	
p.7 **sky** [skaɪ]	Himmel	
our **own** pool [əʊn]	unser eigenes Schwimmbad	**!** I've got **my own** room. (*Never:* ~~an own~~ room)
(to) **go by car/train/bike/...**	mit dem Auto/Zug/Rad/... fahren	

[1] Die Angabe **(-ll-)** zeigt, dass der Endkonsonant bei der Bildung von *-ing*-Form und *-ed*-Form verdoppelt wird: **travel** – **travelling / travelled**.

(to) go … (*simple past:* went)

Last week we were in London. We **went by car**.	… Wir **sind mit dem Auto gefahren**.
Let's **go for a walk** in the mountains.	Lass uns **einen Spaziergang** in den Bergen **machen**.
Can we **go on a trip** to Cornwall next week?	Können wir … **einen Ausflug** nach Cornwall **machen**?
We **went on holiday** to Italy this summer.	Wir sind diesen Sommer nach Italien **in Urlaub gefahren**.

	something ['sʌmθɪŋ]	etwas	Hockey again? No, I want to do **something** new.
	(to) **go together**	zusammenpassen, -gehören	
	What was the weather like?	Wie war das Wetter?	
p.8	**degree** [dɪ'gri:]	Grad	It's 14 **degrees** (14°) and very cloudy in England.
	foggy ['fɒgi]	neblig	
	fog [fɒg]	Nebel	noun: **fog** – adjective: **foggy**
p.9	**sad** [sæd]	traurig	**sad** ◄► **happy**
	nobody ['nəʊbədi]	niemand	
	(to) **speak (to)** [spi:k], *simple past:* **spoke** [spəʊk]	sprechen (mit), reden (mit)	
	clothes *(pl)* [kləʊðz, kləʊz]	Kleider, Kleidung(sstücke)	**!** **clothes** ist ein Pluralwort: **Kleidung ist** teuer. = **Clothes are** expensive.

lake [leɪk]	(Binnen-)See	 ❗ **the lake** = <u>der</u> See • the **sea** = <u>die</u> See, das Meer
(to) **visit** ['vɪzɪt]	besuchen	

Unit 1: Back to school

p.10 **canteen** [kæn'tiːn]	Kantine, Schulmensa	Students can buy lunch in the school **canteen**.
(to) **describe** sth. **(to** sb.**)** [dɪ'skraɪb]	(jm.) etwas beschreiben	❗ **Describe** the picture **<u>to</u> your partner.** = **Beschreibe** das Bild **deinem Partner.**
description [dɪ'skrɪpʃn]	Beschreibung	
background ['bækgraʊnd]	Hintergrund	Dan and Jo are in the **foreground**. In the **background** you can see a lake.
foreground ['fɔːgraʊnd]	Vordergrund	

left – right

Do you write with your **left** or your **right** hand?	Schreibst du mit der **linken** oder mit der **rechten** Hand?
Jack looks **left** and **right**, but he can't see the man.	Jack schaut **nach links** und **nach rechts**, aber ...
On the left, you can see Morris, my cat.	**Links/Auf der linken Seite ...**
My dog Emma is **on the right**.	**... rechts/auf der rechten Seite.**

at the bottom (of) ['bɒtəm]	unten, am unteren Ende (von)	Now do the exercise **at the bottom of** the page. ↓ **at the bottom (of) ◄► at the top (of)** ↑

Where's the rabbit? (Prepositions)

behind[1] the cage	**in front of** the cage	**in** the cage	**between**[2] the girls	**near** the cat	**next to**[3] the cat

[1] **behind** [bɪ'haɪnd] hinter

[2] **between** [bɪ'twiːn] zwischen

[3] **next to** neben

p.12/A 1	**flight** [flaɪt]	Flug	verb: (to) **fly** – noun: **flight**
	time(s) [taɪm(z)]	Mal(e); -mal	We went surfing four **times** last week.
	a bit [ə 'bɪt]	ein bisschen, etwas	The tea was **a bit** hot, so I added some cold milk.
	the underground ['ʌndəgraʊnd]	die U-Bahn	*American English:* **the subway** ['sʌbweɪ]

Irregular simple past forms

(to) forget	**forgot** [fə'gɒt]	vergessen
(to) get	**got** [gɒt]	gelangen, (hin)kommen
(to) get on/off	**got on/off**	ein-, aussteigen
(to) give	**gave** [geɪv]	geben
(to) hear	**heard** [hɜːd]	hören
(to) know	**knew** [njuː]	wissen; kennen
(to) teach	**taught** [tɔːt]	unterrichten, lehren

dangerous ['deɪndʒərəs] gefährlich

fast [fɑːst] schnell

slow [sləʊ] langsam

fast ◂▸ **slow**

What was **the best thing about ...?** Was war das Beste an ...? **The best thing about** the film was the music.

building ['bɪldɪŋ] Gebäude

buildings 

lift [lɪft] Fahrstuhl, Aufzug

American English: **elevator** ['elɪveɪtə]

	amazing [ə'meɪzɪŋ]	erstaunlich, unglaublich	
	for miles [maɪlz]	meilenweit	You can see **for miles** from this tower.
	mile [maɪl]	Meile *(= etwa 1,6 km)*	
p.13/A 2	**Mind your own business.** [ˌmaɪnd jər‿ˌəʊn 'bɪznəs]	Das geht dich nichts an! / Kümmere dich um deine eigenen Angelegenheiten!	
	Come on. [ˌkʌm‿'ɒn]	Na los, komm.	**Come on**, let's go. We're late.
	rude [ruːd]	unhöflich, unverschämt	
p.14/A 4	**Do you really think so?**	Meinst du wirklich? / Glaubst du das wirklich?	
	No way! [ˌnəʊ 'weɪ]	Auf keinen Fall! / Kommt nicht in Frage!	Mum, can you give me £ 20 for a new T-shirt? – £ 20? **No way!** You can have £ 10.
	Come on. [ˌkʌm‿'ɒn]	Ach komm! / Na hör mal!	Oh **come on** – you know that's wrong!
	(to) **calm down** [ˌkɑːm 'daʊn]	sich beruhigen	
	angry (about sth.**/with** sb.**)** ['æŋgri]	wütend, böse (über etwas/auf jn.)	Let's be friends again. Or are you still **angry with** me?
	(to) **get angry/hot/... (-tt-),** *simple past:* **got**	wütend/heiß/... werden	It**'s getting hot** in here. Can you open the window, please?

	nothing ['nʌθɪŋ]	nichts	**nothing** (nichts) – **something** (etwas) – **everything** (alles)
p.15/A 6	**role play** ['rəʊl pleɪ]	Rollenspiel	
p.18/P 6	**linking word** ['lɪŋkɪŋ wɜːd]	Bindewort	
	Ms Travelot [mɪz, məz]	Frau Travelot	! An der Anrede **Ms ...** ist nicht zu erkennen, ob eine Frau verheiratet ist oder nicht. (**Mrs ...** = verheiratet; **Miss ...** = unverheiratet)
	hour ['aʊə]	Stunde	
p.20/P 10	**person** ['pɜːsn]	Person	! Betonung auf der 1. Silbe: **person** ['pɜːsn]
	(to) **be on**	eingeschaltet sein, an sein *(Radio, Licht usw.)*	I can't do my homework when the radio **is on**.
p.20/P 12	**Find/Ask somebody who ...**	Finde/Frage jemanden, der ...	I've got no idea. **Ask somebody who** knows more about Bristol.

Saved!

p.22	(to) **save** [seɪv]	retten	
	through [θruː]	durch	He's climbing **through** the window.

bunk (bed) [bʌŋk]	Etagenbett, Koje	**bunk beds** 
he **could ...** [kəd, kʊd]	er konnte ...	My brother **could** ride a bike when he was four. I **couldn't** watch TV last night. I had lots of homework.
(to) **get (-tt-),** *simple past:* **got**	holen, besorgen	

(to) get (*simple past:* got)

1. **holen, besorgen** — Can you **get** the tickets for the theatre?
2. **gelangen, (hin)kommen** — How can I **get** to the station, please?
3. **werden** — My mother **got** very angry last night.
4. **bekommen, kriegen** — Did you **get** nice birthday presents?

Remember:

(to) **get dressed**	sich anziehen
(to) **get on/off**	ein-/aussteigen
(to) **get up**	aufstehen

out („hinaus, heraus", „draußen")

There's a little cat in the water. We have to pull her **out**. — ... Wir müssen sie **heraus**ziehen.

Dan saw a girl swim **out**. — Dan sah ein Mädchen **hinaus**schwimmen.

Where's Sheeba? – She's **out** there in the garden. — ... Sie ist da **draußen** im Garten.

before [bɪ'fɔː]	bevor	! **before** = **1.** bevor – **before** we eat **2.** vor – **before** lunch
after ['ɑːftə]	nachdem	! **after** = **1.** nachdem – **after** I came home **2.** nach – **after** school
far [fɑː]	weit (entfernt)	Is it **far** to the station? – Yes, it is. It's too **far** to walk.
(to) **wave** [weɪv]	winken	She's **waving**.
(to) **be in trouble** ['trʌbl]	in Schwierigkeiten sein; Ärger kriegen	My friends helped me when I **was in trouble**. Jo **is in trouble**. He hasn't got his homework.
p. 23 **a few** [fjuː]	ein paar, einige	
all right [ɔːl 'raɪt]	gut, in Ordnung	
(to) **see** sb. [siː], *simple past:* **saw** [sɔː]	jn. besuchen, jn. aufsuchen	Why don't you come and **see** us next Sunday?
(to) **know about** sth., *simple past:* **knew** [njuː]	von etwas wissen; über etwas Bescheid wissen	I didn't **know about** the party, so I couldn't go.
happy ending [ˌhæpi‿'endɪŋ]	Happyend	! In English you say **happy ending**. (*Not:* ~~happy end~~)
in time [ɪn 'taɪm]	rechtzeitig	We didn't get home **in time**, so we couldn't watch the film.

(to) **go surfing** ['sɜ:fɪŋ]	wellenreiten gehen, surfen gehen	(to) **go surfing**	

Unit 2: What money can buy

p.26	**pocket money** ['pɒkɪt mʌni]	Taschengeld	 
	pocket ['pɒkɪt]	Tasche *(an einem Kleidungsstück)*	
	(to) **spend money/time (on)** [spend], *simple past:* **spent** [spent]	Geld ausgeben (für) / Zeit verbringen (mit)	My brother **spends** a lot of money **on** clothes. We **spent** the weekend at my grandma's house in Rostock.
	(to) **save** [seɪv]	sparen	
	survey (on) ['sɜ:veɪ]	Umfrage, Untersuchung (über)	

Irregular simple past forms

p.27	(to) buy	**bought** [bɔ:t]	kaufen	(to) understand	**understood** [ˌʌndəˈstʊd]	verstehen
	(to) find	**found** [faʊnd]	finden	(to) wear	**wore** [wɔ:]	tragen *(Kleidung)*
	(to) think	**thought** [θɔ:t]	glauben, meinen, denken	(to) win	**won** [wʌn]	gewinnen

	(baseball) cap [kæp]	(Baseball-)Mütze	a **(baseball) cap** 
	jacket ['dʒækɪt]	Jacke, Jackett	**!** Betonung auf der 1. Silbe: **jacket** ['dʒækɪt]
	make-up ['meɪkʌp]	Make-up	**make-up** ['meɪkʌp]
	pullover ['pʊləʊvə]	Pullover	**pullover** ['pʊləʊvə]
	skirt [skɜːt]	Rock	
	a pair (of) [peə]	ein Paar	**a pair of trainers** 
	trainers *(pl)* ['treɪnəz]	Turnschuhe	
	trousers *(pl)* ['traʊzəz]	Hose	**Are** your **trousers** new? – Yes, **they are**. (= **Ist** deine **Hose** neu?)

Plural words: *glasses, jeans, shorts, trousers*

She wears **glasses**.	Sie trägt **eine Brille**.
Why does he need **two pairs of glasses**?	... **zwei Brillen**?
Those trousers are great. Can I have **them**?	**Die Hose da ist** toll. Kann ich **sie** haben?
I need **a new pair of trousers / some new trousers**.	... **eine neue Hose**.

! Wörter wie **glasses, jeans, shorts, trousers** sind Pluralwörter – also nie
~~a glasses~~,
~~two jeans~~,
~~this trousers~~!

p.28/A 1	**What's the matter?** ['mætə]	Was ist los? / Was ist denn?	
	awful ['ɔːfl]	furchtbar, schrecklich	very bad, terrible

mine [maɪn] meiner, meine, meins

Possessive pronouns (Possessivpronomen)

mine	This isn't my pencil. **Mine** is green.	**meiner, meine, meins**
yours	My pen doesn't write. Can I use **yours**?	**deiner, deine, deins**
his	Where are Mike's shoes? Those aren't **his**.	**seiner, seine, seins**
hers	That isn't Kate's book. **Hers** is on her desk.	**ihrer, ihre, ihrs**
ours	Your dog is black, **ours** is brown.	**unserer, unsere, unseres**
yours	Dan, Jo, what about these CDs? Are they **yours**?	**eurer, eure, eures**
theirs	That wasn't the Millers' car. **Theirs** is red.	**ihrer, ihre, ihrs**

everybody ['evribɒdi] jeder, alle

nobody (niemand)	**somebody** (jemand)	**everybody** (jeder, alle)

(to) **be fed up (with** sth.**)** [ˌfed‿'ʌp] — die Nase voll haben (von etwas) — **I'm fed up with** comics. I think they're boring.

(to) **lose** [luːz], *simple past:* **lost** [lɒst] — verlieren — (to) **lose money** ◂▸ (to) **find money**
(to) **lose a match** ◂▸ (to) **win a match**

	stupid ['stju:pɪd]	blöd, dämlich	**stupid ◄► clever**
	(to) **have** [həv, hæv], *simple past:* **had** [həd, hæd]	haben, besitzen	**!** **haben, besitzen** = **1.** have got; **2.** (to) have (Im *simple present* wird *have got* häufiger verwendet. Das *simple past* von beiden ist *had*.)
p.28/A 2	**fine** [faɪn]	gut, schön; in Ordnung	
p.29/A 4	**problem** ['prɒbləm]	Problem	
	(to) **look up (from)**	hochsehen, aufschauen (von)	She heard a noise and **looked up from** her book.
	What for? [ˌwɒt 'fɔ:]	Wofür?	
	my old **ones** [wʌnz]	meine alten	There are three CDs: a new **one** (= a new CD) and two old **ones** (= two old CDs).
	more than ['mɔ: ðən]	mehr als	**!** **more than <u>me</u>** = **mehr als <u>ich</u>:** My sister has got **more** CDs **than <u>me</u>**.
	(to) **point (at/to** sth.**)** [pɔɪnt]	zeigen, deuten (auf etwas)	He **pointed at/to** the clock. 'We're late,' he said. 
	(to) **be sure** [ʃʊə, ʃɔ:]	sicher sein	
p.30/A 7	**easier (than)** ['i:ziə]	leichter (als), einfacher (als)	Do you think English is **easier than** Maths?

Steigerung

easy einfach	**easier** einfacher	**(the) easiest** der/die/das einfachste ...; am einfachsten
old alt	**older** älter	**(the) oldest** der/die/das älteste ...; am ältesten
young jung	**younger** jünger	**(the) youngest** der/die/das jüngste ...; am jüngsten

! älter als ich/er/sie =
older than me/him/her

Shut up. [ˌʃʌt‿ˈʌp] (*simple past*: **shut**)	Halt den Mund!	
as old/big **as**	so alt/groß wie	Bristol is not **as big as** New York.
smart [smɑːt]	clever, schlau	
(to) **be wrong**	sich irren, Unrecht haben	Sophie is 14. – **You're wrong.** She's 12.

good – better – best • bad – worse – worst

good	gut	**bad**	schlecht, schlimm
better	besser	**worse** [wɜːs]	schlechter, schlimmer
(the) best	am besten; der/die/das beste ...	**(the) worst** [wɜːst]	am schlechtesten, schlimmsten; der/die/das schlechteste, schlimmste ...

My computer is **better** than yours, but Mr Scott's computer is **the best**.
Our school uniform is **bad**, but theirs is **worse**.
What do you think: What's **the best** pop group? What's **the worst**?

	(to) **sell** [sel], *simple past:* **sold** [səʊld]	verkaufen	(to) **sell** ◄► (to) **buy**
p.31/A 9	**even** ['iːvn]	sogar	Everybody tried to help, **even** the children.
	more boring **(than)**	langweiliger (als)	My home town is smaller and **more boring than** New York.
	(the) most boring [məʊst]	der/die/das langweiligste ...; am langweiligsten	This village must be **the most boring** place in Britain.
	recycling [ˌriː'saɪklɪŋ]	Wiederverwertung, Recycling	
	recycled [ˌriː'saɪkld]	wiederverwertet, wiederverwendet, recycelt	
p.34/P 7	**about** [ə'baʊt]	ungefähr	There were **about** 300 people in the park. **!** **about** = **1.** über – a book **about** pets **2.** ungefähr – **about** 300 people
p.35/P 11	**point** [pɔɪnt]	Punkt	Three **points** for the right answer!
p.37/P 14	**department store** [dɪ'pɑːtmənt stɔː]	Kaufhaus	

The Clothes Project

p.38	**as** [əz, æz]	als, während	I ate my sandwiches **as** I waited for the bus.
	fashion ['fæʃn]	Mode	

(to) **join** sb. [dʒɔɪn]	sich jm. anschließen; bei jm. mitmachen	We're going shopping. Do you want to **join** us? I like computers, so I **joined** the computer club.
presenter [prɪ'zentə]	Moderator/in	
over to ...	hinüber zu/nach ...	Dan saw Jo in the park and walked **over to** him.
(to) **love** [lʌv]	lieben, sehr mögen	(to) **love** ◄► (to) **hate**
love	Liebe	
careful ['keəfl]	vorsichtig; sorgfältig	Please be **careful** – this road is very dangerous. The poster looks great, Ananda. Thank you for your **careful** work.
(to) **design** [dɪ'zaɪn]	entwerfen, gestalten	
hat [hæt]	Hut	a **hat** 
mirror ['mɪrə]	Spiegel	a **mirror** 
(to) **stand** [stænd], *simple past:* **stood** [stʊd]	stehen; sich (hin)stellen	
stuff [stʌf]	Zeug, Kram	What's that red **stuff** on your T-shirt? Ketchup?
(to) **hurry** ['hʌri]	eilen; sich beeilen	It was very cold so we **hurried** to the car. **Hurry (up)**, we haven't got much time.

	(to) **land** [lænd]	landen	
p.39	(to) **prepare** [prɪ'peə]	vorbereiten; sich vorbereiten	(to) **prepare** a presentation / a show / a report **! sich vorbereiten auf = (to) prepare for**: I have to **prepare for** a test.
	puzzled ['pʌzld]	verwirrt	
	bin [bɪn], **dustbin** ['dʌstbɪn]	Mülltonne	a **dustbin** 

Unit 3: Animals in the city

p.42	**animal** ['ænɪml]	Tier	
	fox [fɒks]	Fuchs	a **fox** 
	series, *pl* **series** ['sɪəriːz]	(Sende-)Reihe, Serie	
	wild [waɪld]	wild	**!** Pronunciation: **wild** [waɪld]

tonight's programme – Zeitangaben mit *s*-Genitiv

tonight's programme	das Programm von heute Abend; das heutige Abendprogramm
yesterday's homework	die Hausaufgaben von gestern
tomorrow's weather	das Wetter von morgen

(to) **survive** [sə'vaɪv]	überleben

p.43	**deer,** *pl* **deer** [dɪə]	Reh, Hirsch	
	woodpecker ['wʊdpekə]	Specht	
	grey [greɪ]	grau	
	squirrel ['skwɪrəl]	Eichhörnchen	
	mole [məʊl]	Maulwurf	
	hedgehog ['hedʒhɒg]	Igel	
	frog [frɒg]	Frosch	
p.44/A 1	**rubbish** ['rʌbɪʃ]	(Haus-)Müll, Abfall	Where's my old cap? – Dad put it in the **rubbish**.
	you**'ll be cold** (= you **will be cold**) [wɪl]	du wirst frieren; ihr werdet frieren	! I**'ll** (= I **will**) help Dan. = Ich **werde** Dan helfen. I **want to** help Dan. = Ich **will** Dan helfen.
	you **won't be cold** [wəʊnt] (= you **will not be cold**)	du wirst nicht frieren; ihr werdet nicht frieren	
	yard [jɑːd]	Hof	! After school we always play **in the yard**. (= auf dem Hof)
	probably ['prɒbəbli]	wahrscheinlich	
	(to) **mail** sb. [meɪl]	jn. anmailen	
	(to) **sit down (-tt-),** *simple past:* **sat down**	sich hinsetzen	

(to) **send (to)** [send], *simple past:* **sent** [sent]	schicken, senden (an)	Yesterday I **sent** Sarah a birthday card. I always **send** birthday cards **to** my friends.

Irregular simple past forms

(to) bring	**brought** [brɔːt]	(mit-, her)bringen
(to) choose	**chose** [tʃəʊz]	(aus)wählen, (sich) aussuchen
(to) feed	**fed** [fed]	füttern
(to) hide	**hid** [hɪd]	(sich) verstecken
(to) lay the table	**laid** [leɪd]	den Tisch decken
(to) let	**let** [let]	lassen
(to) sing	**sang** [sæŋ]	singen
(to) sleep	**slept** [slept]	schlafen
(to) write	**wrote** [rəʊt]	schreiben

p.44/A 2	**moon** [muːn]	Mond	
p.45/A 3	**Thanks very much!**	Danke sehr! / Vielen Dank!	(to) like/love sth. **very much** = etwas **sehr** mögen / **sehr** lieben
	if [ɪf]	falls, wenn	! **If** I see him, I'll ask him. (**Falls** ich ihn sehe ...) **When** I see him, ... (**Dann wenn** ... / **Sobald** ...)
	ill [ɪl]	krank	Susan is **ill**. 
	important [ɪm'pɔːtnt]	wichtig	

	(to) **keep** sth. warm/cool/ open/... [kiːp], *simple past:* **kept** [kept]	etwas warm/kühl/offen/... halten	It's important to **keep** hedgehog babies **warm**. **Keep** your eyes **open** when you're on the road.
	fine [faɪn]	*(gesundheitlich)* gut	! I'm/He's **fine**. = Es geht mir/ihm gut.
	(to) **pick** sth. **up** [ˌpɪk‿'ʌp]	etwas hochheben, aufheben	Who dropped this paper on the floor? Come and **pick it up**, please.
p.46/A 5	(to) **explain** sth. **to** sb. [ɪk'spleɪn]	jm. etwas erklären, erläutern	! Kannst du **mir** das **erklären**? = Can you **explain** that **to me?** (*Not:* Can you ~~explain me~~ ...)
	explanation [ˌeksplə'neɪʃn]	Erklärung	
	horrible ['hɒrəbl]	scheußlich, grauenhaft	a **horrible** day; **horrible** weather
	garage ['gærɑːʒ]	Garage	! Betonung auf der 1. Silbe: **garage** ['gærɑːʒ]
	safe (from) [seɪf]	sicher, in Sicherheit (vor)	
p.47/A 7	(to) **do a good job**	gute Arbeit leisten	I like your essay. You **did a** really **good job.**
	clinic ['klɪnɪk]	Klinik	
	You did **well**. *(adv)* [wel]	Das hast du gut gemacht.	adjective: **good** – adverb: **well**
	broken *(adj)* ['brəʊkən]	gebrochen; zerbrochen, kaputt	a **broken** arm  a **broken** plate 

	hard [hɑːd]	hart; schwer, schwierig	**hard** work; a **hard** piece of bread This exercise isn't **hard**. You can do it.
	(to) **work hard**	hart arbeiten	
	I'm afraid [ə'freɪd]	leider	! • I have to go now, **I'm afraid**. = **Leider** muss ich jetzt gehen. • My sister **is afraid of** dogs. = Meine Schwester **hat Angst** vor Hunden.
p. 47/A 8	**enemy** ['enəmi]	Feind/in	**enemy** ◄► **friend**
	(to) **scan** a text [skæn] **(-nn-)**	einen Text schnell nach bestimmten Wörtern/ Informationen absuchen	
	(to) **have a baby**	ein Baby/Kind bekommen	! ein Kind **bekommen** = (to) **have** a baby
p. 49/P 4	**fire** ['faɪə]	Feuer, Brand	
p. 52/P 11	(to) **hit** [hɪt] **(-tt-)**, *simple past:* **hit**	schlagen	Jo often argues with Dan, but he never **hits** him.

Remember?

p.52/P 12

1 **crocodile** ['krɒkədaɪl]
2 **monkey** ['mʌŋki]
3 **camel** ['kæml]
4 **zebra** ['zebrə]
5 one **wolf** [wʊlf], two **wolves** [wʊlvz]
6 **tiger** ['taɪgə]
7 **giraffe** [dʒə'rɑːf]
8 **lion** ['laɪən]
9 **rhino** ['raɪnəʊ]
10 **hippo** ['hɪpəʊ]
11 **bear** [beə]
12 **elephant** ['elɪfənt]
13 **kangaroo** [ˌkæŋgə'ruː]

p.53/P 13	**word building** ['wɜːd ˌbɪldɪŋ]	Wortbildung	
	famous (for) ['feɪməs]	berühmt (für, wegen)	
p.53/P 15	**address** [ə'dres]	Adresse, Anschrift	! English: **address** – German: **Adresse**

El's best friend

p.54 **angel** ['eɪndʒl]	Engel	an **angel** 
(to) **bully** ['bʊli]	einschüchtern, tyrannisieren	
suitcase ['suːtkeɪs]	Koffer	a **suitcase** 
(to) **pack** [pæk]	packen, einpacken	
(to) **leave** [liːv], *simple past:* **left** [left]	gehen, weggehen; abfahren	I said 'Goodbye' and **left**.

(to) leave (*simple past:* left)

1. (weg)gehen; abfahren	Get your suitcase. We**'re leaving**.	Hurry up, the train **leaves** in an hour.
2. verlassen	El's mum wanted to **leave** her dad.	I took my bags and **left** the room.
3. zurücklassen	He **left** his dog in the car when he went into the shop.	

(to) **jump** [dʒʌmp]	springen	
(to) **miss** [mɪs]	vermissen	It was great in England, but I **missed** my friends.
(to) **promise** ['prɒmɪs]	versprechen	I'll come and visit you. I **promise**. ! Ich **verspreche** es! = I **promise**! (*not:* I promise ~~it~~)
neat and tidy [niːt], ['taɪdi]	schön ordentlich	My room is always **neat and tidy**.
neat	gepflegt	Your hair looks very **neat**, but isn't it a bit short?

tidy	ordentlich, aufgeräumt	
sweetheart ['swi:thɑ:t]	Liebling, Schatz	
heart [hɑ:t]	Herz	a **heart** 
(to) **move out** [ˌmu:v‿'aʊt]	ausziehen	(to) **move out** ◄► (to) **move in**
(to) **move (to)**	umziehen (nach, in)	We had to **move out** of our house, so we **moved to** London, **to** a small flat in Camden.
p.55 **already** [ɔ:l'redi]	schon, bereits	Jo was still on the beach, but Dan was **already** in the water.
return ticket [rɪ'tɜ:n ˌtɪkɪt]	Rückfahrkarte	
(to) **count** [kaʊnt]	zählen	Jack **counted** his money. He had £ 6.50.
Oh dear!	Oje!	
good	brav	! **good** = **1.** gut – a **good** film/story **2.** brav – a **good** boy/dog
(to) **turn** [tɜ:n]	sich umdrehen	
shy [ʃaɪ]	schüchtern, scheu	
line [laɪn]	Zeile	I don't know the second word in **line** 12. Abkürzung: **l.** 5 = **line** 5 • **ll.** 5–9 = **lines** 5–9
letter (to) ['letə]	Brief (an)	a **letter** 

	(to) **feel** [fi:l], *simple past:* **felt** [felt]	sich fühlen; fühlen	I always **feel** good when I hear that song. Take my hand. Can you **feel** how cold it is?

Unit 4: A weekend in Wales

p.58	**clean** [kli:n]	sauber	verb: (to) **clean** – adjective: **clean**
	cow [kaʊ]	Kuh	
	dirty ['dɜ:ti]	schmutzig	**dirty** ◄► **clean**
	factory ['fæktri]	Fabrik	
	farm [fɑ:m]	Bauernhof, Farm	
	field [fi:ld]	Feld, Acker, Weide	**!** <u>**auf**</u> dem Feld = <u>**in**</u> **the field**
	forest ['fɒrɪst]	Wald	
	hill [hɪl]	Hügel	
	traffic ['træfɪk]	Verkehr	Look at all those cars. The **traffic** here is terrible.
	noisy ['nɔɪzi]	laut, lärmend	noun: **noise** – adjective: **noisy**

river ['rɪvə]	Fluss	
sheep, *pl* **sheep** [ʃiːp]	Schaf	
valley ['væli]	Tal	

p.59	**pyjamas** *(pl)* [pə'dʒɑːməz]	Schlafanzug	! Where **are** my **pyjamas**? (= Wo **ist** mein **Schlafanzug**?)
p.60/A1	(to) **smell** [smel]	riechen	I could **smell** Mum's cake in the kitchen. 'Mmm, that **smells** great,' I said.

Verbs and nouns with the same form

(to) **glue**	(auf-, ein)kleben	(to) **list**	auflisten, aufzählen	(to) **smell**	riechen
glue	Klebstoff	**list**	Liste	**smell**	Geruch
(to) **interview**	interviewen, befragen	(to) **name**	nennen; benennen	(to) **smile**	lächeln
interview	Interview	**name**	Name	**smile**	Lächeln
(to) **joke**	scherzen, Witze machen	(to) **report (to)**	berichten	(to) **visit**	besuchen
joke	Witz	**report**	Bericht, Reportage	**visit**	Besuch

	(to) **cook** [kʊk]	kochen, zubereiten	
	Welsh [welʃ]	walisisch; Walisisch	Some people in Wales speak English and **Welsh**.
	soup [suːp]	Suppe	
	railway ['reɪlweɪ]	Eisenbahn	
p. 60/A 2	**sights** *(pl)* [saɪts]	Sehenswürdigkeiten	
	castle ['kɑːsl]	Burg, Schloss	a **castle** 
	ghost [gəʊst]	Geist, Gespenst	
	topic sentence [ˌtɒpɪk 'sentəns]	*Satz, der in das Thema eines Absatzes einführt*	
	paragraph ['pærəgrɑːf]	Absatz *(in einem Text)*	
p. 61/A 4	**bacon** ['beɪkən]	Schinkenspeck	**bacon** and **eggs** 
	egg [eg]	Ei	
	timetable ['taɪmteɪbl]	Fahrplan	! **timetable** = **1.** Stundenplan; **2.** Fahrplan
p. 61/A 6	**just** [dʒʌst]	gerade (eben), soeben	

The present perfect: statements

In Aussagesätzen im *present perfect* findet man oft diese unbestimmten Zeitangaben:

already	Please tidy your room. – But I've **already** tidied it.	**schon**
not ... yet	I've tidied my room, but I have**n't** finished my homework **yet**.	**noch nicht**
never	I often play football but I've **never** played basketball.	**(noch) nie**
just	Your room looks great. – Yes, I've **just** tidied it.	**gerade (eben), soeben**

made [meɪd]	*3. Form von „make"*	(to) make – made – **made**
pie [paɪ]	Obstkuchen; Pastete	
seen [siːn]	*3. Form von „see"*	(to) see – saw – **seen**
come [kʌm]	*3. Form von „come"*	(to) come – came – **come**

Irregular past participles[1]

(to) be	was/were	**been** [biːn]	sein
(to) do	did	**done** [dʌn]	tun, machen
(to) eat	ate	**eaten** ['iːtn]	essen
(to) find	found	**found** [faʊnd]	finden
(to) forget	forgot	**forgotten** [fə'gɒtn]	vergessen
(to) go	went	**gone** [gɒn]	gehen, fahren
(to) have (have got)	had	**had** [hæd]	haben, besitzen
(to) take	took	**taken** ['teɪkən]	nehmen, (weg-, hin)bringen
(to) write	wrote	**written** ['rɪtn]	schreiben

[1] Die dritte Form des Verbs heißt *past participle* (Partizip Perfekt).

	well *(adj)*	*(gesundheitlich)* gut; gesund, wohlauf	! **well** = **1.** gut – She sang **well**. **2.** gesund – He doesn't feel **well**. I'm **well** again.
p. 62/A 7	**headache** ['hedeɪk]	Kopfschmerzen	I have a **headache**. I often get **headaches**.
	(to) **touch** [tʌtʃ]	berühren, anfassen	Don't **touch** the plates! They're hot.
	(to) **have a temperature** ['temprətʃə]	Fieber haben	I feel very hot. I think I **have a temperature**.
	temperature	Temperatur	
	thermometer [θə'mɒmɪtə]	Thermometer	
	(to) **have a sore throat** [sɔː 'θrəʊt]	Halsschmerzen haben	She **has a sore throat**. 
	throat	Hals, Kehle	
	(to) **nod** [nɒd] **(-dd-)**	nicken (mit)	! Er **nickte <u>mit</u> dem Kopf**. = He **nodded his head**.
	(to) **move** [muːv]	bewegen; sich bewegen	Don't **move**. 
	paramedic [ˌpærə'medɪk]	Sanitäter/in	! Im Englischen stehen Berufsangaben immer mit dem unbestimmtem Artikel: My mum is **a** paramedic / **a** teacher. (Meine Mutter ist Sanitäterin / Lehrerin.)

I don't feel well.

(to) have **a headache / a toothache / an earache / a stomach[1] ache**	Kopfschmerzen / Zahnschmerzen / Ohrenschmerzen / Magenschmerzen haben
(to) have **a cold**	eine Erkältung haben, erkältet sein
I don't feel well. / I feel ill.	Ich fühle mich nicht gut. / Ich fühle mich krank.
– What's the matter?	– Was ist denn los?
I have a terrible headache and a sore throat.	Ich habe schreckliche Kopfschmerzen und Halsschmerzen.
– Maybe you have a cold. Do you have a temperature too?	– Vielleicht hast du eine Erkältung / bist du erkältet. Hast du auch Fieber?

Statt *I **have** a cold / a headache / a temperature* usw. kannst du auch *I**'ve got** a cold / a headache / a temperature* usw. sagen.

[1] stomach ['stʌmək] *Magen*

p.63/A 10	**ever** ['evə]	je, jemals, schon mal	Have you **ever** visited England?

The present perfect: questions

In Fragen im *present perfect* findet man oft diese unbestimmten Zeitangaben:

ever?	Have you **ever** played tennis? – No, never.	**schon mal? / jemals?**
yet?	Have you done your homework **yet**? – Yes, I have.	**schon?**

(to) **install** [ɪn'stɔːl]	installieren, einrichten
instructions *(pl)* [ɪn'strʌkʃnz]	(Gebrauchs-)Anweisung(en), Anleitung(en)

It says here: ... Hier steht: ... / Es heißt hier: ...

The text says ...

The text says (that) the castle is 700 years old.	Im Text steht, dass ...
It says here / in line 4 / on page 3 that London is older than Berlin.	Hier / In Zeile 4 / Auf Seite 3 steht, dass ...
The poster says (that) it's only £ 1 for children.	Auf dem Poster steht, dass ...

	(to) **click on** sth. [klɪk]	etwas anklicken	What do I do next? – Just **click on** 'OK'.
	by the way [ˌbaɪ ðə ˈweɪ]	übrigens	

Irregular past participles

(to) buy	bought	**bought** [bɔːt]	kaufen	(to) put	put	**put** [pʊt]	legen, stellen
(to) feed	fed	**fed** [fed]	füttern	(to) say	said	**said** [sed]	sagen
(to) give	gave	**given** [ˈɡɪvn]	geben	(to) send	sent	**sent** [sent]	schicken, senden
(to) know	knew	**known** [nəʊn]	wissen; kennen	(to) think	thought	**thought** [θɔːt]	denken, glauben

p. 65/P 4	**silent letter** [ˌsaɪlənt ˈletə]	„stummer" Buchstabe *(nicht gesprochener Buchstabe)*	You can't hear the 'w' in 'answer' – it's a **silent letter**.
p. 65/P 6	**accent** [ˈæksənt]	Akzent	

All in a day's work

p.70	(to) **ring** [rɪŋ], **rang** [ræŋ], **rung** [rʌŋ]	klingeln, läuten	Listen – I think the phone **is ringing**.
	accident ['æksɪdənt]	Unfall	
	quite bad/quick/good ... [kwaɪt]	ziemlich schlimm/schnell/gut/...	You'll need a pullover – it's **quite** cold today.
	(to) **put** sth. **on** (-tt-)	etwas anziehen *(Kleidung)*	
	(to) **take** sth. **off**	etwas ausziehen *(Kleidung)*	(to) **take off** a pullover ◄► (to) **put on** a pullover
	side [saɪd]	Seite	How can we get to the other **side** of the river? **!** Seite (im Buch) = **page**
	policeman [pə'li:smən] **/** **policewoman** [pə'li:swʊmən]	Polizist/Polizistin	
	driver ['draɪvə]	Fahrer/in	
	(to) **drive** [draɪv], **drove** [drəʊv], **driven** ['drɪvn]	*(ein Auto/mit dem Auto)* fahren	Does your mother **drive** to work? – No, she usually goes by bike.
	hurt [hɜ:t]	verletzt	**!** **hurt** = **1.** *(v)* verletzen; wehtun; **2.** *(adj)* verletzt
	fireman ['faɪəmən] **/** **firewoman** ['faɪə,wʊmən]	Feuerwehrmann/-frau	

metre ['mi:tə]	Meter	
strong [strɒŋ]	stark	He's very **strong.**
weak [wi:k]	schwach	He's **weak.**

p. 71 (to) **fall** [fɔ:l]**, fell** [fel]**,** **fallen** ['fɔ:lən]	fallen, stürzen; hinfallen	Oh no! Toby **has fallen** into the pool. I **fell** and hurt my leg yesterday.
husband ['hʌzbənd]	Ehemann	! mein **Mann** = my **husband** (*not:* ~~my man~~)
wife [waɪf]**,** *pl* **wives** [waɪvz]	Ehefrau	! meine **Frau** = my **wife** (not: ~~my woman~~)

(to) think

think	I **think** you're right.	**denken, glauben, meinen**
think about	**Think about** these questions: …	**nachdenken über**
think of	**Think of** the children. They need you.	**denken an**
	Think of a word with five letters.	**sich ausdenken**
think about/of	What do you **think about / think of** the story?	**denken über, halten von**

rescue helicopter ['reskju: ˌhelɪkɒptə]	Rettungshubschrauber
hospital ['hɒspɪtl]	Krankenhaus

(to) **hope** [həʊp]	hoffen	John is late. I **hope** he hasn't had an accident.
(to) **hold** [həʊld], **held**, **held** [held]	halten	Can you **hold** the baby for a minute, please? That bridge looks dangerous. It won't **hold**.
That was close. [kləʊs]	Das war knapp.	

Unit 5: Teamwork

p.74 **dice**, *pl* **dice** [daɪs]	Würfel	
Whose turn is it? [hu:z]	Wer ist dran / an der Reihe?	
whose?	wessen?	**Whose** CDs are these? Are they yours, Sophie? And **whose** are these? (= Wem gehören diese?)
Move on one space.	Geh ein Feld vor.	
Move back one space.	Geh ein Feld zurück.	
Miss a turn.	Einmal aussetzen.	
engineer [ˌendʒɪˈnɪə]	Ingenieur/in	
(to) **build** [bɪld], **built**, **built** [bɪlt]	bauen	
pub [pʌb]	Kneipe, Lokal	

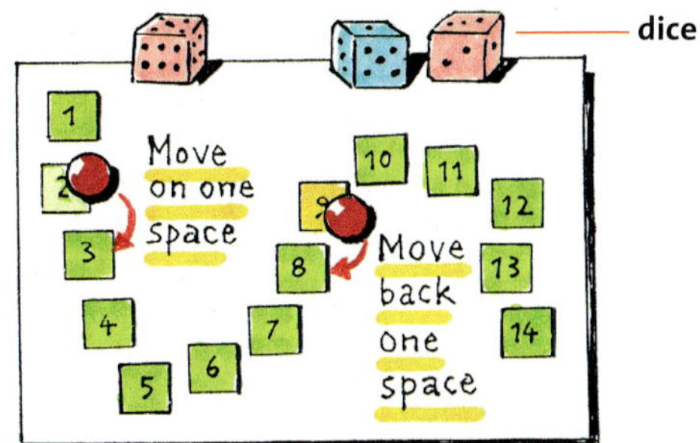

	closed [kləʊzd]	geschlossen	**closed** ◄► **open**
	market ['mɑːkɪt]	Markt	
	healthy ['helθi]	gesund	
	snack [snæk]	Snack, Imbiss	
p.75	**slave** [sleɪv]	Sklave, Sklavin	
	British ['brɪtɪʃ]	britisch; Brite, Britin	There's a lot of **British** music on German radio. I'm German, but my mother is **British**.
	rich [rɪtʃ]	reich	**rich** ◄► **poor**
	land [lænd]	Land, Grund und Boden	! Land/Staat = **country**
	(to) **grow** [grəʊ], **grew** [gruː], **grown** [grəʊn]	*(Getreide usw.)* anbauen, anpflanzen	We have a garden and **grow** our own potatoes. ! (to) **grow** = **1.** wachsen; **2.** anbauen, anpflanzen
	sugar ['ʃʊgə]	Zucker	
	tobacco [tə'bækəʊ]	Tabak	
	(to) **arrive** [ə'raɪv]	ankommen, eintreffen	(to) **arrive** ◄► (to) **leave**
p.76/A 1	**brochure** ['brəʊʃə]	Prospekt, Broschüre	
	detail ['diːteɪl]	Detail, Einzelheit	! Betonung auf der 1. Silbe: **detail** ['diːteɪl]
	local ['ləʊkl]	Orts-, örtlich	What's the name of Bristol's **local** newspaper?
p.77/A 4	**statue** ['stætʃuː]	Statue	

Irregular past participles

(to) hear	heard	**heard** [hɜːd]	hören	(to) run	ran	**run** [rʌn]	rennen, laufen
(to) leave	left	**left** [left]	(weg)gehen, abfahren; verlassen; zurücklassen	(to) sell	sold	**sold** [səʊld]	verkaufen
				(to) sit	sat	**sat** [sæt]	sitzen; sich setzen
				(to) sleep	slept	**slept** [slept]	schlafen
(to) meet	met	**met** [met]	(sich) treffen				

p.77/A 5

(to) **copy** ['kɒpi]	kopieren; abschreiben	
copy ['kɒpi]	Kopie	
(to) **be born** [bi 'bɔːn]	geboren sein/werden	! I **was** born in 1997. = Ich **bin** 1997 geboren. *Never:* I ~~am born~~ in 1997.
(to) **become** [bɪ'kʌm], **became** [bɪ'keɪm], **become**	werden	Kate Walker **became** a singer five years ago. ! Nicht verwechseln: (to) **become** = **werden** (to) **get** = **bekommen**
tunnel ['tʌnl]	Tunnel	
also ['ɔːlsəʊ]	auch	Jack had an idea and Ananda had an idea too. = Ananda **also** had an idea.
(to) **die (of)** [daɪ]	sterben (an)	! -ing form: **dying** – This tree is **dying**.

proud (of sb./sth.**)** [praʊd]	stolz (auf jn./etwas)	Our daughter is the best student in her class. We're very **proud of** her.
(to) **mark** sth. **up** [ˌmɑːk‿'ʌp]	etwas markieren, kennzeichnen	
p.78/A 7 **delicious** [dɪ'lɪʃəs]	köstlich, lecker	What's the pizza like? – Mmm. It's **delicious**.
impossible [ɪm'pɒsəbl]	unmöglich	
possible ['pɒsəbl]	möglich	**possible ◄► impossible**
You're joking, aren't you?	Du machst Witze, nicht wahr? / Das ist nicht dein Ernst, oder?	I don't want to go on holiday. – **You're joking, aren't you?**
pretty healthy/good/... ['prɪti]	ziemlich gesund/gut/...	! **pretty** = **1.** hübsch – Polly is a **pretty** parrot. **2.** ziemlich – This place looks **pretty** good.
menu ['menjuː]	Speisekarte	There's pizza on the **menu**, but no spaghetti.
kiwi ['kiːwiː]	Kiwi	
strawberry ['strɔːbəri]	Erdbeere	
cherry ['tʃeri]	Kirsche	
sort [sɔːt]	Art, Sorte	The menu's great – there are 45 **sorts** of pizza.

p.78/A 8 **customer** ['kʌstəmə] Kunde, Kundin

waiter ['weɪtə] Kellner

waitress ['weɪtrəs] Kellnerin

medium ['miːdiəm] mittel(groß)

large [lɑːdʒ] groß

We sell this T-shirt in three sizes: small, **medium** and **large**.

big – large – great

big / large — **big** und **large** sind oft austauschbar. ▶ a **big/large** family, a **big/large** house

large wird in der Regel <u>nicht</u> verwendet, um Menschen zu beschreiben. ▶ a very **big** man

great — **great** drückt aus, dass jemand oder etwas **wichtig, bedeutend, großartig** ist. ▶ a **great** actor/singer/engineer; a **great** CD; a **great** idea/time

p.79/A 10 **beginning** [bɪ'gɪnɪŋ] Beginn, Anfang; Einleitung — **beginning** ◂▸ **end**

harbour ['hɑːbə] Hafen

	sailor ['seɪlə]	Seemann, Matrose	
	(to) **structure** ['strʌktʃə]	strukturieren, aufbauen	
p. 80/P 1	**information (about/on)** *(no pl)* [ˌɪnfə'meɪʃn]	Information(en) (über)	! • Hier sind die **Informationen** über die Show. = Here's the **information** about/on the show. *Nie:* ... the information~~s~~ • **eine** interessante Information = **some** interesting information
p. 83/P 8	**discussion** [dɪ'skʌʃn]	Diskussion	
	(to) **agree with** sb./sth. [ə'griː]	jm./etwas zustimmen; mit jm./etwas übereinstimmen	Ananda thinks sport is fun but Jack doesn't **agree with** her.
p. 84/P 12	**tornado** [tɔː'neɪdəʊ]	Tornado, Wirbelsturm	

To catch a thief

p. 86	(to) **catch** [kætʃ]**, caught, caught** [kɔːt]	fangen; erwischen	You throw the ball and I'll **catch** it. The police are trying to **catch** a bank robber.
	thief [θiːf], *pl* **thieves** [θiːvz]	Dieb/in	
	case [keɪs]	Fall	'This will be a difficult **case**,' the detective said.
	(to) **disappear** [ˌdɪsə'pɪə]	verschwinden	

(to) **steal** [stiːl], **stole** [stəʊl], **stolen** ['stəʊlən] stehlen

Irregular past participles

(to) bring	brought	**brought** [brɔːt]	(mit-, her)bringen	(to) speak	spoke	**spoken** ['spəʊkən]	sprechen
(to) choose	chose	**chosen** ['tʃəʊzn]	(aus)wählen, (sich) aussuchen	(to) swim	swam	**swum** [swʌm]	schwimmen
(to) drink	drank	**drunk** [drʌŋk]	trinken	(to) teach	taught	**taught** [tɔːt]	unterrichten, lehren
(to) hit	hit	**hit** [hɪt]	schlagen	(to) tell	told	**told** [təʊld]	erzählen

who? wen? / wem?

who? = „wer?“ / „wen?“ / „wem?“

„wer?“

„Wer?“-Fragen werden ohne *do/does/did* gebildet:

Who loves Polly? – Jack.
Wer liebt Polly? – Jack.

Who helped Toby? – Emily.
Wer half Toby? – Emily.

Jack loves Polly.

Emily helped Toby.

„wen?“ / „wem?“

„Wen?“-Fragen und „Wem?“-Fragen werden im *simple present* mit *do/does* und im *simple past* mit *did* gebildet:

Who does Jack love? – Polly.
Wen liebt Jack? – Polly.

Who did Emily help? – Toby.
Wem half Emily? – Toby.

	(to) **mean** [mi:n], **meant, meant** [ment]	meinen	I hate that man. – Who do you **mean**? I said Tuesday, but I **meant** Thursday.
	proof *(no pl)* [pru:f]	Beweis(e)	Is she really a thief? We need **proof**. ! *Never:* ~~a proof~~
	So?	Und? / Na und?	It's very cold today. – **So?** You can wear a pullover when you go out.
	purse [pɜːs]	Geldbörse	a **purse** 
	at break	in der Pause *(zwischen Schulstunden)*	
	key [kiː]	Schlüssel	I can't open the door. I can't find my **keys**.
	ring [rɪŋ]	Ring	
	(to) **bleep** [bliːp]	piepsen	
	bleep [bliːp]	Piepton	
	(to) **whistle** ['wɪsl]	pfeifen	
p. 87	**towards** sb./sth. [tə'wɔːdz]	auf jn./etwas zu	Jo turned and walked slowly **towards** the door. 'Bye,' he said.
	(to) **look for** ['lʊk fɔː]	suchen	I'm **looking for** my purse. Do you know where it is?
	Wait a minute.	Warte mal! / Moment mal!	

	this way ['ðɪs weɪ]	hier entlang, in diese Richtung	Excuse me. Where's 8PK's classroom? – **This way**, please. It's on the right.
	the wrong way	in die falsche Richtung	Stop! You're going **the wrong way**.
	caretaker ['keəteɪkə]	Hausmeister/in	
	(to) **look after** sth./sb. [ˌlʊk‿'ɑːftə]	auf etwas/jn. aufpassen; sich um etwas/jn. kümmern	Emily often **looks after** Baby Hannah.
	cleaner ['kliːnə]	Putzfrau, -mann	
p. 88	**rest** [rest]	Rest	
	Does **anybody** know whose purse this is**?** ['enibɒdi]	Weiß (irgend)jemand, wessen Geldbörse das ist?	

somebody – anybody / something – anything / somewhere – anywhere

Für die Zusammensetzungen mit **some-** und **any-** gelten dieselben Regeln wie für **some** und **any**:

– **somebody, something, somewhere** stehen vor allem in bejahten Aussagesätzen,

– **anybody, anything, anywhere** stehen vor allem in verneinten Aussagesätzen und in Fragen.

+	Listen. There's **somebody** at the door.	... Da ist **jemand** an der Tür.
–	I heard a noise in the garden, but I ca**n't** see **anybody**.	... aber ich kann **niemanden** sehen.
?	Can you see **anybody** in the garden**?**	Kannst du **(irgend)jemanden** im Garten sehen**?**

somebody – anybody / something – anything / somewhere – anywhere

+	Let's go to the shops and get **something** to eat.	... **etwas** zu essen
–	I'm too nervous – I ca**n't** eat **anything** at the moment.	... ich kann im Moment **nichts** essen.
?	Do you need **anything** from the shops**?**	Brauchst du **(irgend)etwas** ...**?**
+	This summer I'd like to go **somewhere** where it's hot.	... **irgendwohin**, wo es warm ist.
–	I do**n't** want to go **anywhere**, I want to stay at home.	Ich möchte **nirgendwohin** fahren ...
?	Are you going to go **anywhere** this summer**?**	Fährst du diesen Sommer **irgendwohin?**

Unit 6: A trip to Bath

p.92	**Roman** ['rəʊmən]	römisch; Römer, Römerin	
	bath [bɑːθ]	Bad, Badewanne	! (to) **have a bath** = baden, ein Bad nehmen
	round [raʊnd]	rund	
	(to) **chat** [tʃæt] **(-tt-)**	plaudern; chatten	We sat in the park and **chatted** for a few hours.
	(to) **have a sauna** ['sɔːnə]	in die Sauna gehen	
	(to) **relax** [rɪ'læks]	(sich) entspannen, sich ausruhen	
p.93	**wall** [wɔːl]	Wand; Mauer	
	stone [stəʊn]	Stein	

p. 94/A 1	**(bike) ride**	(Rad-)Fahrt	
	path [pɑːθ]	Pfad, Weg	a **cycle path** 
	How are you? [ˌhaʊ‿ˈɑː jʊ]	Wie geht es dir/Ihnen/euch?	**How are you**, Mr Kingsley**?** – I'm fine, thank you.
	(to) **cycle** [ˈsaɪkl]	(mit dem) Rad fahren	(to) ride a bike
	planet [ˈplænɪt]	Planet	
	star [stɑː]	Stern	a **star** 
p. 95/A 3	**map** [mæp]	Landkarte, Stadtplan	
	(to) **tell** sb. **the way**	jm. den Weg beschreiben	
	(to) **ask** sb. **the way**	jn. nach dem Weg fragen	

way („Richtung", „Weg")

Stop. You're going **the wrong way**.	Halt! Du gehst **in die falsche Richtung**.
We have to go **this way**.	Wir müssen **hier entlang / in diese Richtung**.
Which way is the station, please?	**In welcher Richtung liegt**der Bahnhof, bitte? / **Wo geht's** zum Bahnhof, bitte?
I don't know where we are. Let's **ask** somebody **the way**.	… Lass uns jemanden **nach dem Weg fragen**.
'Excuse me. Can you **tell** us **the way** to Bath?'	„… Können Sie uns **den Weg** nach Bath **beschreiben**?"
The group had a lot of fun **on their way** to Bath.	… **auf ihrem Weg** nach Bath.

(to) **turn left/right**	(nach) links/rechts abbiegen	**Turn left.**   **Turn right.**

(to) turn

The way to the station? No problem – **turn left** at the church, then **turn right** into Elm Street.	**abbiegen**
Suddenly the woman **turned** and looked at me.	**sich umdrehen**
Mrs Hanson **turned to** Jack and asked, 'Why?'	**sich jm. zuwenden;** **sich an jn. wenden**

straight on [streɪt‿'ɒn]	geradeaus weiter	The way to the hospital? Turn left here, and then go **straight on**.
post office ['pəʊst‿ɒfɪs]	Postamt	
past [pɑːst]	vorbei (an), vorüber (an)	We walked **past** theatres, cafés and shops.
(to) **cross** [krɒs]	überqueren	Don't **cross** the road here. It's too dangerous.
corner ['kɔːnə]	Ecke	! **on the corner of** Green Street and London Road (= Green Street, Ecke London Road)
police station [pə'liːs steɪʃn]	Polizeiwache, Polizeirevier	
restaurant ['restrɒnt]	Restaurant	! Betonung auf der 1. Silbe: **restaurant** ['restrɒnt]
chemist ['kemɪst]	Drogerie, Apotheke	

p.96/A 5	(to) **be missing** ['mɪsɪŋ]	fehlen	Almost all my friends were at the party. Only Robbie **was missing**.
	needn't do ['niːdnt]	nicht tun müssen, nicht zu tun brauchen	I can do the exercise. You **needn't** help me. **needn't** ◄► **must**
	mustn't do ['mʌsnt]	nicht tun dürfen	You can go out, but you **mustn't** be back late.

must – needn't – mustn't

must (müssen)	**needn't** (nicht müssen)	**mustn't** (nicht dürfen)
Mit **must** drückt man aus, dass jemand etwas tun muss:	Mit **needn't** drückt man aus, dass jemand etwas nicht zu tun braucht:	Mit **mustn't** drückt man aus, dass jemand etwas nicht tun darf:
I **must** clean the hamster's cage today. It's very dirty.	I **needn't** clean the rabbits' cage. It isn't dirty.	You **mustn't** give hedgehogs milk. It's bad for them.
(Ich muss ... sauber machen.)	(Ich muss ... nicht sauber machen / brauche ... nicht sauber zu machen.)	(Du darfst Igeln keine Milch geben.)

This is Isabel.	Hier spricht Isabel. / Hier ist Isabel. *(am Telefon)*	*(on the phone)* Am I speaking to Laura? – No, **this is** Emma.
along the street [ə'lɒŋ]	entlang der Straße / die Straße entlang	We walked **along** the river and then crossed the bridge.
trick [trɪk]	Streich	

Irregular past participles

(to) feel	felt	**felt** [felt]	(sich) fühlen	(to) read [riːd]	read [red]	**read** [red]	lesen
(to) fly	flew	**flown** [fləʊn]	fliegen	(to) ride	rode	**ridden** ['rɪdn]	reiten; *(Rad)* fahren
(to) get	got	**got** [gɒt]	bekommen; holen; werden; (hin)kommen	(to) sing	sang	**sung** [sʌŋ]	singen
(to) hide	hid	**hidden** ['hɪdn]	(sich) verstecken	(to) throw	threw	**thrown** [θrəʊn]	werfen
(to) lose	lost	**lost** [lɒst]	verlieren	(to) win	won	**won** [wʌn]	gewinnen

p.97/A 9	(to) **enjoy** [ɪn'dʒɔɪ]	genießen	Lunch was very good. I really **enjoyed** it.
p.99/P 4	**ice rink** ['aɪs rɪŋk]	Schlittschuhbahn	
p.102/P 11	(to) **correct** [kə'rekt]	berichtigen, korrigieren	

A trip to Bath – a play for the end of term

p.103	**term** [tɜːm]	Trimester	The school year has three **terms** in Britain.
	(to) **mime** [maɪm]	pantomimisch darstellen, vorspielen	Can you say a poem or **mime** something for me?
	(to) **like** sth. **better**	etwas lieber mögen	Tim's favourite sport is tennis, but I **like** football **better**.
	luckily ['lʌkɪli]	zum Glück, glücklicherweise	

actor ['æktə]	Schauspieler/in	
(to) **fall off** [ˌfɔːl‿'ɒf]	herunterfallen (von)	Liz **fell off** her horse, but luckily she wasn't hurt.
p.104 **the other way round**	anders herum	So your name is John James. – No, **the other way round**: James John.
movement ['muːvmənt]	Bewegung	verb: (to) **move** – noun: **movement**
leisure centre ['leʒə sentə]	Freizeitzentrum, -park	
(to) **yawn** [jɔːn]	gähnen	She**'s yawning**. 
audience ['ɔːdɪəns]	Publikum; Zuschauer/innen, Zuhörer/innen	
Hooray! [hu'reɪ]	Hurra!	
(to) **pay (for)** [peɪ], **paid, paid** [peɪd]	bezahlen	! (to) **pay <u>for</u> a sandwich** (ein Sandwich bezahlen)
tomato [tə'mɑːtəʊ], *pl* **tomatoes**	Tomate	 **tomatoes**
lettuce ['letɪs]	(Kopf-)Salat	 **lettuce**
century ['sentʃəri]	Jahrhundert	
(to) **wonder** ['wʌndə]	sich fragen, gern wissen wollen	Do you know that boy over there? I **wonder** who he is.

p.105 (to) **cheer** [tʃɪə]	jubeln, Beifall klatschen	At the end of the play, the audience **cheered** loudly.
laughter ['lɑːftə]	Gelächter	
worry ['wʌri]	Sorge, Kummer	
bright [braɪt]	hell, leuchtend	It's a very **bright** room. It gets the sun all day.
if	ob	**!** **if** = **1.** I don't know **if** I can come to your party. (ob) **2.** But I'll come **if** I can. (falls, wenn)
true [truː]	wahr	The twins' mother lives in Australia. – That's not **true**. She lives in New Zealand.

Irregular past participles

(to) hurt	hurt	**hurt** [hɜːt]	wehtun; verletzen
(to) keep	kept	**kept** [kept]	*(warm/offen/...)* halten
(to) lay the table	laid	**laid** [leɪd]	den Tisch decken
(to) let	let	**let** [let]	lassen
(to) shine	shone	**shone** [ʃɒn]	scheinen *(Sonne)*
(to) show	showed	**shown** [ʃəʊn]	zeigen
(to) spend	spent	**spent** [spent]	*(Geld)* ausgeben; *(Zeit)* verbringen
(to) stand	stood	**stood** [stʊd]	stehen; sich (hin)stellen
(to) under-stand	under-stood	**under-stood** [ˌ-'stʊd]	verstehen
(to) wear	wore	**worn** [wɔːn]	tragen *(Kleidung)*

Irregular verbs

Infinitive	Simple past form	Past participle	
(to) **be**	**was/were**	**been**	sein
(to) **become**	**became**	**become**	werden
(to) **bring**	**brought**	**brought**	(mit-, her)bringen
(to) **build**	**built**	**built**	bauen
(to) **buy**	**bought**	**bought**	kaufen
(to) **catch**	**caught**	**caught**	fangen; erwischen
(to) **choose** [uː]	**chose** [əʊ]	**chosen** [əʊ]	(aus)wählen; (sich) aussuchen
(to) **come**	**came**	**come**	kommen
(to) **do**	**did**	**done** [ʌ]	tun, machen
(to) **drink**	**drank**	**drunk**	trinken
(to) **drive** [aɪ]	**drove**	**driven** [ɪ]	*(ein Auto)* fahren
(to) **eat**	**ate** [et, eɪt]	**eaten**	essen
(to) **fall**	**fell**	**fallen**	(hin)fallen, stürzen
(to) **feed**	**fed**	**fed**	füttern
(to) **feel**	**felt**	**felt**	(sich) fühlen; sich anfühlen
(to) **find**	**found**	**found**	finden

(to) **fly**	**flew**	**flown**	fliegen
(to) **forget**	**forgot**	**forgotten**	vergessen
(to) **get**	**got**	**got**	bekommen; holen; werden; (hin)kommen
(to) **give**	**gave**	**given**	geben
(to) **go**	**went**	**gone** [ɒ]	gehen, fahren
(to) **grow**	**grew**	**grown**	wachsen; anbauen, anpflanzen
(to) **have (have got)**	**had**	**had**	haben, besitzen
(to) **hear** [ɪə]	**heard** [ɜː]	**heard** [ɜː]	hören
(to) **hide** [aɪ]	**hid** [ɪ]	**hidden** [ɪ]	(sich) verstecken
(to) **hit**	**hit**	**hit**	schlagen
(to) **hold**	**held**	**held**	halten
(to) **hurt**	**hurt**	**hurt**	wehtun; verletzen
(to) **keep**	**kept**	**kept**	*(warm/offen/...)* halten
(to) **know** [nəʊ]	**knew** [njuː]	**known** [nəʊn]	wissen; kennen
(to) **lay** the table	**laid**	**laid**	den Tisch decken
(to) **leave**	**left**	**left**	(weg)gehen; abfahren; verlassen; zurücklassen
(to) **let**	**let**	**let**	lassen

Infinitive	Simple past form	Past participle	
(to) **lose** [uː]	**lost** [ɒ]	**lost** [ɒ]	verlieren
(to) **make**	**made**	**made**	machen; bauen; bilden
(to) **mean** [iː]	**meant** [e]	**meant** [e]	meinen
(to) **meet**	**met**	**met**	(sich) treffen
(to) **pay**	**paid**	**paid**	bezahlen
(to) **put**	**put**	**put**	legen, stellen, *(wohin)* tun
(to) **read** [iː]	**read** [e]	**read** [e]	lesen
(to) **ride** [aɪ]	**rode**	**ridden** [ɪ]	reiten; *(Rad)* fahren
(to) **ring**	**rang**	**rung**	klingeln, läuten
(to) **run**	**ran**	**run**	rennen, laufen
(to) **say** [eɪ]	**said** [e]	**said** [e]	sagen
(to) **see**	**saw**	**seen**	sehen; besuchen, aufsuchen
(to) **sell**	**sold**	**sold**	verkaufen
(to) **send**	**sent**	**sent**	schicken, senden
(to) **shine**	**shone** [ɒ]	**shone** [ɒ]	scheinen *(Sonne)*
(to) **show**	**showed**	**shown**	zeigen
(to) **shut** up	**shut**	**shut**	den Mund halten

(to) **sing**	**sang**	**sung**	singen
(to) **sit**	**sat**	**sat**	sitzen; sich setzen
(to) **sleep**	**slept**	**slept**	schlafen
(to) **speak**	**spoke**	**spoken**	sprechen
(to) **spend**	**spent**	**spent**	*(Zeit)* verbringen; *(Geld)* ausgeben
(to) **stand**	**stood**	**stood**	stehen; sich (hin)stellen
(to) **steal**	**stole**	**stolen**	stehlen
(to) **swim**	**swam**	**swum**	schwimmen
(to) **take**	**took**	**taken**	nehmen; (weg-, hin)bringen
(to) **teach**	**taught**	**taught**	unterrichten, lehren
(to) **tell**	**told**	**told**	erzählen, berichten
(to) **think**	**thought**	**thought**	denken, glauben, meinen
(to) **throw**	**threw**	**thrown**	werfen
(to) **understand**	**understood**	**understood**	verstehen
(to) **wear** [eə]	**wore** [ɔː]	**worn** [ɔː]	tragen *(Kleidung)*
(to) **win**	**won** [ʌ]	**won** [ʌ]	gewinnen
(to) **write**	**wrote**	**written**	schreiben

Auf den folgenden Seiten stehen ein paar Tipps, wie du Vokabeln lernen kannst.
Am besten, du probierst jede Möglichkeit aus, dann weißt du, welche für dich am besten ist.

Vokabeln lernen mit dem Vokabeltaschenbuch (oder dem Vocabulary in deinem Englischbuch)

Schritt 1:
- Lies das englische Wort laut. (Aussprache und Betonung sind in den eckigen Klammern angegeben.)
- Lies dann die deutsche Übersetzung in der mittleren Spalte.
- Beachte auch die Beispielsätze oder sonstigen Hinweise in der rechten Spalte.

Schritt 2:
Überprüfe Zeile für Zeile, ob du die Wörter weißt:
- Deck die mittlere Spalte ab und sag die deutsche Übersetzung.
- Nun deck die linke und die rechte Spalte ab. Sag die englischen Wörter und – wenn du kannst – auch den Beispielsatz.

So kannst du dir eine Lernhilfe zum Abdecken der Spalten basteln:

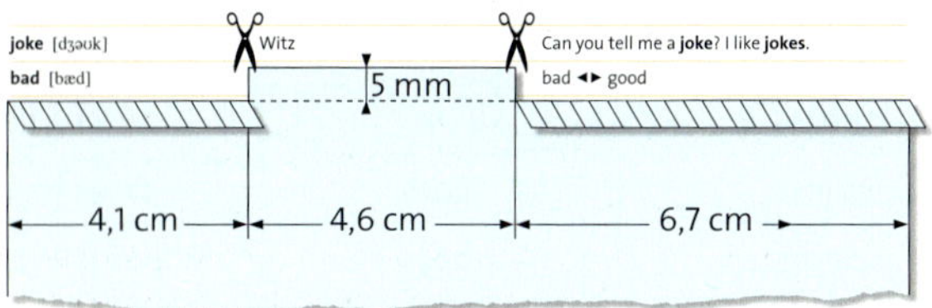

englisch – deutsch

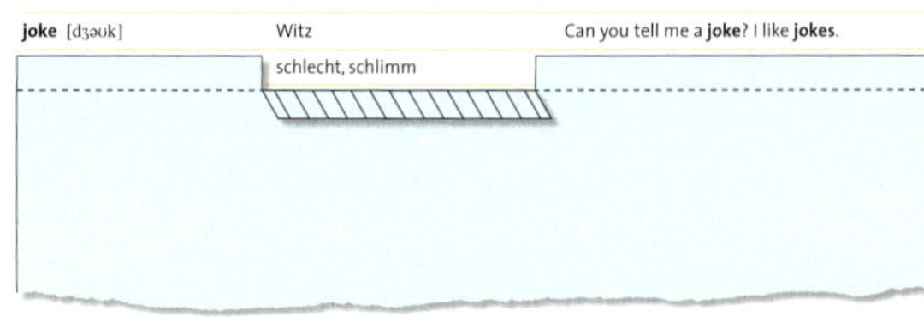

deutsch – englisch

Tipps

- Lerne immer 7–10 Wörter auf einmal.
- Lerne Vokabeln regelmäßig – lieber jeden Tag 5–10 Minuten als einmal pro Woche zwei Stunden.
- Wiederhole „alte" Vokabeln einmal pro Woche.
- Es macht mehr Spaß, wenn du mit jemandem zusammen lernst. Fragt euch z.B. gegenseitig ab.

Abschreiben erwünscht!

Besonders gut behältst du Vokabeln, wenn du sie aufschreibst. Es gibt mehrere Möglichkeiten:

■ **Dreispaltiges Vokabelheft**

Leg ein Vokabelheft (mindestens DIN A5) mit drei Spalten an:

- **Spalte 1:** das englische Wort
- **Spalte 2:** die deutsche Übersetzung
- **Spalte 3:** Beispielsätze (aus dem Vocabulary, aus der Unit deines Englischbuchs, ...) oder Bilder.

open box

Lies dir am Ende noch einmal laut vor, was du geschrieben hast.

■ **Elektronisches Wörterverzeichnis**

Es gibt Computerprogramme, die dich beim Üben und Wiederholen wie ein „Vokabeltrainer" unterstützen. Du kannst dazu dein *e-Workbook* und den *English Coach* benutzen.

■ **Karteikarten**

Auf die Vorderseite schreibst du das englische Wort mit einem Beispielsatz, auf die Rückseite die deutsche Übersetzung. Diese Karteikarten kannst du in einem Karteikasten sammeln (siehe nächste Seite).

Vorderseite Rückseite

Alles im Kasten – Vokabeln lernen mit einem Karteikasten

In einer Pappschachtel, die du in fünf unterschiedlich große Fächer unterteilst, kannst du deine Karteikarten aufbewahren.

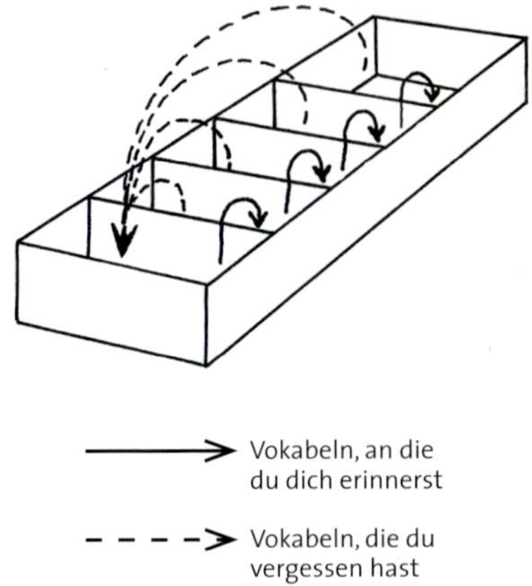

- Die beschrifteten Karteikarten kommen in das erste Fach. Ist das Fach voll, dann nimm den Packen heraus und prüfe, ob du die Vokabeln kannst.
- Vokabeln, die „sitzen", kommen in das nächste Fach. Vokabeln, die du nicht kannst, steckst du immer zum Wiederholen ins erste Fach zurück.
- Immer wenn ein Fach zu voll ist, überprüfe, wie gut du die Vokabeln dort beherrschst. Steck die Karten ein Fach weiter oder zum Wiederholen zurück in Fach 1.
- Wenn du Vokabeln, die im 5. Fach angekommen sind, nach einiger Zeit immer noch beherrschst, kannst du sie herausnehmen, denn: **Fünfmal gekonnt ist wirklich gekonnt!**

Ordnen und gruppieren

Du behältst neue Vokabeln leichter, wenn du sie ordnest und in Gruppen lernst.
Auch hier gibt es wieder mehrere Möglichkeiten:

- **Gegensatzpaare**, z.B.

  full – **empty**,
  (to) push – **(to) pull**,
  early – **late**,
  (to) open – **(to) close**.

- **Wortfelder** –

  dabei schreibst du alle Wörter, die zu einem Wortfeld gehören, unter ihrem Oberbegriff (**group word**) auf.

SCHOOL

subjects	sports	things
Maths	tennis	book
Art	football	pencil
Geography	...	...
...		

- ***Networks*** („Wörternetze“).

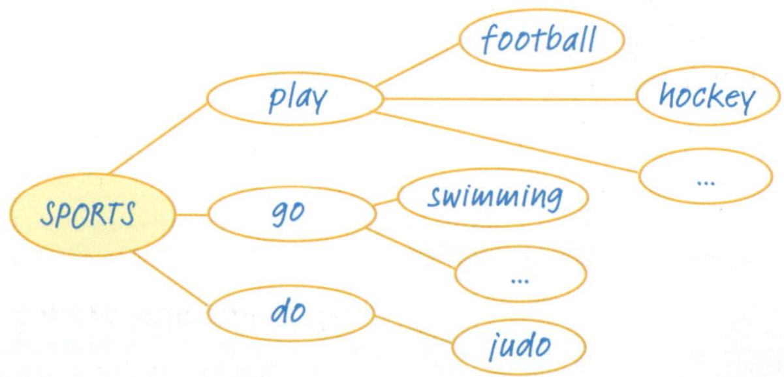

English G 21 • Band D 2
Vokabeltaschenbuch

Im Auftrag des Verlages herausgegeben von
Prof. Hellmut Schwarz, Mannheim

Erarbeitet von
Uwe Tröger, Hannover

unter Mitarbeit von
Dr. Philip Devlin, Berlin;
Gareth Evans, Berlin
sowie
Joachim Blombach, Herford;
Helmut Dengler, Limbach
(S. 60–63: Vokabeln lernen)

Illustration
Roland Beier, Berlin

Layoutkonzept
Korinna Wilkes

Technische Umsetzung
Stephan Hilleckenbach, Berlin;
Ina Hillmann

Umschlaggestaltung
Klein & Halm Grafikdesign, Berlin

www.cornelsen.de
www.EnglishG.de

Dieses Werk berücksichtigt die Regeln der reformierten Rechtschreibung und Zeichensetzung.

1. Auflage, 3. Druck 2012

Alle Drucke dieser Auflage sind inhaltlich unverändert und können im Unterricht nebeneinander verwendet werden.

Druck: H. Heenemann, Berlin

ISBN 978-3-06-031185-9

Inhalt gedruckt auf säurefreiem Papier aus nachhaltiger Forstwirtschaft.